매머드를 부활시킬 수 있을까?

PEUT-ON FAIRE REVIVRE LE MAMMOUTH?
by Pascal Tassy

Copyright © Le Pommier 2004
All rights reserved.

Korean Translation Copyright © Minumin 2006, 2013, 2021

Korean translation edition is published by arrangement with
Humensis through The Agency.

이 책의 한국어판 저작권은 The Agency를 통해 Humensis와
독점 계약한 ㈜민음인에 있습니다.
저작권법에 의해 한국 내에서 보호를 받는 저작물이므로 무단 전재와 무단 복제를 금합니다.

민음 바칼로레아 025

매머드를
부활시킬 수 있을까?

파스칼 타시 ㅣ 이항 감수 ㅣ 김희경 옮김

민음in

● 일러두기

1 본문 가장자리에 있는 사과 🍎 는 이 책을 통해 반드시 이해해야 하는
   핵심 개념을 표시한 것입니다.

2 본문 아래쪽의 주는 독자들이 본문 내용을 쉽게 이해할 수 있도록 한국어판에 특별히 붙인 것입니다.

3 인명 및 지명 표기는 한글 맞춤법 통일안 및 외래어 표기 규정을 따랐습니다.

4 본문에 사용한 부호 및 기호의 뜻은 다음과 같습니다.
   ― 전집, 단행본: 『　』
   ― 신문, 잡지: 《　》
   ― 개별 작품, 논문, 기사: 「　」

차례

질문 : 매머드를 부활시킬 수 있을까?

"매머드를 부활시킬 수 있을까?"

매머드를 부활시킬 수 있느냐니 참 느닷없는 질문이다. 매머드는 마지막 표본조차 이미 수천 년 전에 멸종한 것으로 알려진 화석 종인데 말이다. 그런데도 최근 매머드를 부활시키는 이야기가 자주 언론에 오르내리고 있다. 왜 이제 와서 갑자기 이런 이야기를 하는 것일까?

매머드를 복제하기 위하여 시베리아에서 발견한 매머드의 냉동 사체에서 채취한, 살아 있는 세포를 연구하고 있다는 소문이 퍼졌기 때문이다.

이 책에서는 이제부터 말과 예술 그리고 과학이라는 세 가지 측면에서 우리가 정말로 매머드를 부활시킬 수 있을 것인지

대답해 보겠다.

그러기 전에 우선 매머드(mammoth, 불어로는 mammouth)라는 이름이 갖고 있는 여러 다른 철자법들에 대하여 살펴보자. 매머드는 마몬트(mamont), 맘무트(mammout), 맘뭇(mammut), 매머드(mammoth) 등으로 불렸다.

이 단어에 일관성을 부여하기 위하여 어떤 의미에서는 생명을 불어넣기 위하여 모험가와 탐험가, 상인들은 이 이름들 뒤에 무엇이 숨겨져 있는지 밝히려고 애썼다.

일단 매머드가 화석화된 종이라는 것을 이해한 고생물학자와 동물학자 같은 과학자들은, 매머드는 멸종된 동물이라고 설명하였다. 고생물학자는 자신의 임무를 충실하게 수행하여 사멸된 유기체를 해부해서 장기와 성분을 분석하고, 그들이 살던 환경과 사회를 연구하면 화석을 부활시킬 수 있다고 믿었다.

특히 털북숭이 매머드는 사라진 종들 중 하나이지만 인간의 선조가 그것을 관찰하여 동굴 벽에 그린 그림이 남아 있다. 게다가 사체가 시베리아와 알래스카에서 냉동 상태로 발견되었기 때문에 매우 쉽게 이 동물은 복원될 수 있었다.

매머드는 맨 처음에 전문 서적을 통해 부활했고, 그 다음에는 대중적인 입문서를 통해 부활했으며, 그러다가 마침내는 소설과 영화 속에서 부활했다. 전문 서적에서부터 시작해 소설과 영화까지 가는 길은 몹시 흥미롭고 흥분으로 가득 찬 모험이었다.

프랑스의 소설가 로스니 애네˙가 1911년에 쓴 작품을 1981년에 장자크 아노˙ 감독이 영화로 만든 「불을 찾아서」를 보면 매머드에 대한 언급이 약간 나온다. 그리고 애니메이션 영화인 「빙하 시대」에서는 매머드가 대중적인 캐릭터로 등장하기도 했다.

하지만 매머드의 부활은 종이와 셀룰로이드, 전자로 된 '잠재적인' 생명 차원에서 머무르지 않았다. 가축 복제 기술이 발달하고, 시베리아에서 냉동 보존된 매머드의 사체가 거듭 발견되면서 말 그대로 매머드를 정말로 소생시키고자 하는 꿈이 점점 현실로 다가오고 있다.

●●●●

로스니 애네(Joseph Henry Rosny Aine, 1856~1940) 프랑스의 소설가. 조세프 앙리 오노르 복스와 스라핀 유스핀 프랑수아즈 복스 형제가 필명으로 내세운 이름이다. 천문학과 인류학, 동물학과 사회학에 대한 깊고 폭넓은 이해를 바탕으로 파리와 런던의 삶을 그린 작품과 무정부주의적인 일면을 드러내는 작품을 썼다.

장자크 아노(Jean-Jacque Annaud, 1943~) 프랑스의 영화 감독. 「장미의 이름」, 「베어」, 「에너미 앳 더 게이트」, 「티벳에서의 7년」, 「투 브라더스」 등 인간과 자연에 대한 대작을 주로 찍는 명장으로 알려져 있다. 「불을 찾아서」로 1981년 프랑스 세자르상 최고 작품상과 최고 감독상을 받았다.

그런데 사람들은 왜 이렇게 여러 가지 방법으로 매머드를 부활시키려고 하는 걸까? 털북숭이 매머드, 즉 맘무투스 프리 미게니우스라는 화석화된 종에는 분명히 무언가 사람을 끌어 들이는 매력이 있기 때문이다.

1

매머드는
어떤 동물일까?

'매머드'라는 말은 어디에서 유래했을까?

매머드라는 용어는 17세기 말 서양 문학에서 처음 등장했다. 사실 매머드의 어원은 정확히 밝혀진 바가 없고, 현재 알려진 것은 추측일 뿐이다.

1771년에서 1776년 사이에 러시아와 시베리아, 중국을 여행했던 독일 자연사학자 페터 시몬 팔라스˚는 매머드라는 단어

• • •

팔라스(Peter Simon Pallas, 1741~1811) 독일의 박물학자. 1768년 상트페테르부르크의 왕립 과학 아카데미 교수로 임명되어 이후 6년 동안 러시아와 시베리아를 탐사했다. 거기에서 발견한 것들을 『러시아 제국의 여러 지방 여행』이란 책으로 정리했다. 광범위하게 분포된 매머드와 코뿔소의 화석을 발견한 것과 우랄 산맥과 알타이 산맥을 지질학적으로 연구하여 큰 성과를 거두었다.

가 원래 '마무트(mamout)' 혹은 '마몬트(mamont)'라는 단어에서 변천한 것으로 보고, 각 철자에 따른 두 가지 가설을 내놓았다.(철자가 두 가지로 나뉘는 이유는, 러시아 어의 알파벳인 키릴 자모의 *u*가 영어와 프랑스 어 등에 쓰이는 알파벳인 라틴 자모에서는 *n*으로 쓰이기 때문이다.) 한 가지는 매머드라는 단어가 타르타르 어로 땅이라는 뜻을 기진 마마(mama)에서 유래했을 가능성이고, 다른 하나는 에스토니아 어로 땅을 뜻하는 마(ma)와 두더지를 뜻하는 무(mu)에서 유래했다는 것이다.

그런데 후자의 가설은, 이 단어가 시베리아 주민에게 전해 내려오는 전설에서 유래했다는 것이다. 땅속에 사는 거대한 동물이 종종 강가에 나타났다가 강렬한 햇빛을 받아 죽는다는 전설이다.(하지만 시베리아의 방언에는 마무트라는 말이 없다.)

매머드의 어원이 신학적인 단어라는 가설도 있다. 매머드가 성경에 등장하는 거대한 짐승 베헤모스*와 관련이 있을 것이라는 추측이다.

● ● ● ●

베헤모스(behemoth) 히브리 어로 짐승이란 뜻. 성경에서 종종 사탄을 상징하는 짐승으로 등장하며, 영역본에서는 'beast'로 번역한다.

매머드의 이미지는 언제 확립되었을까?

1799년에 조르주 퀴비에가 현재의 코끼리와 매머드를 비교 분석하고, 같은 해 독일의 자연사학자 요한 프리드리히 블루멘바흐가 엘레파스 프리미게니우스라고 명명했다. 이로써 매머드가 이미 화석화된 종이라는 사실이 알려졌다.

그러나 그전까지, 즉 18세기 내내 민족 지학자와 여행가, 자연사학자들은 시베리아에서 발견한 매머드가 신화적인 동물이라며 열광했다. 시베리아 주민과 중국인에게 매머드의 거대한 뼈와 커다란 어금니, 커다란 뿔(사실은 계속해서 자라는 앞니인 엄니)은 과학이나 학문과는 전혀 상관없는 상품에 지나지 않았다. 매머드의 거대한 덩치와 외관상 일각수처럼 보이는 모습에

● ● ● ●

조르주 퀴비에(Georges, Baron Cuvier, 1769~1832) 프랑스 동물학자이자 고생물학자. 근대 생물학의 구조와 기능에 대한 학문적 기반을 세웠고, 해부학적인 지식을 바탕으로 동물의 기관에 따라 동물의 종류를 나누는 분류학의 시초를 세웠다.
요한 프리드리히 블루멘바흐(Johann Friedrich Blumenbach, 1752~1840) 독일의 비교 해부학자로 형질 인류학의 아버지라 불린다. 최초로 두개골의 모양과 수치에 따라 인종을 분류하였다. 이러한 업적 때문에 인류 진화에서 비교 해부학적인 연구 방법의 가치를 처음으로 증명한 학자로 알려진 것이다.

전설의 색채를 덧칠해 상품으로 내놓은 것이다.

그러나 이후에 매머드에 대한 인식은 조금씩 코끼리와 닮은 동물 쪽으로 옮겨 갔다. 1720년에 표트르 대제˚는 자연사학자 다니엘 고틀립 메세르슈미트를 시베리아로 보내 머나먼 땅에 있는 진귀한 물건을 수집하게 했다. 이 진귀한 물건 중에서도 특히 표트르 대제가 원한 것은 매머드와 관련된 물건이있다. 메세르슈미트는 대제에게 매머드의 어금니와 독일의 자연사학자 요한 필리프 브레니우스(또는 브레인)가 그린 그림들을 보냈다. 한편 1741년, 브레니우스는 매머드의 두개골과 어금니, 엄니와 대퇴골을 그린, 메세르슈미트의 그림을 삽입한 과학 보고서를 발표하였다. 이것이 매머드를 코끼리와 닮은 동물로 묘사한 최초의 보고서다.

그러나 동물학적인 측면에서 매머드의 신비가 벗겨지는 데 중요한 역할을 한 사람이 또 있다. 바로 러시아 광산 경영자 바

● ● ●

표트르 대제(1672~1725) 러시아 로마노프 왕조의 황제. 황제이자 대제로 원로원의 승인을 받아 러시아의 절대 왕정을 열었다. 궁중 혁명 때문에 크렘린에서 쫓겨났을 때와 서유럽 각국을 여행할 때의 경험을 살려, 러시아의 모든 관습과 제도를 개혁하고자 한 정력적인 황제였다. 자신의 도시인 상트페테르부르크를 건설하여 유럽으로 가는 창이자 발트 해를 지배하는 기반으로 삼으려 했다.

실리 니키티츠 타티스체프다. 시베리아를 여행하면서 많은 정보를 수집한 타티스체프는 1725년, 매머드에 관한 연구 보고서를 작성했다. 그는 이 보고서에서 땅속에 사는 거대한 동물이 나오는 전설을 언급하면서 그 사체들이 피범벅인 채 발견되었다고 강조했다.

나중에 다시 이야기할 기회가 있겠지만 아마도 냉동된 매머드를 암시한 듯하다. 타티스체프는 사체의 엄니를 보고 이 동물이 코끼리일 가능성이 있다고 생각하였다.

하지만 이 동물을 코끼리라고 가정하면 의문점이 한두 가지가 아니었다. 추운 북쪽 지역에서 그 당시 코끼리가 무엇을 하고 있었을까? 혹시 유대 상인들이 데려온 것일까? 알렉산더 대제가 옮겨 온 것일까? 중국인들이 들여온 것일까? 그것도 아니라면 노아의 대홍수 때 물에 휩쓸려 이동한 것일까?

'애덤스의 매머드'가 발견되면서 이러한 의문에 대한 해답이 풀렸다. 이것은 냉동 상태로 발견된 매머드를 처음으로 연구한 스코틀랜드 식물학자 마이클 애덤스의 이름을 따서 붙인 것이다. 1806년, 상트페테르부르크 왕립 과학 협회 회원이었던 애덤스는 표트르 대제가 건립한, 진귀한 물건들을 연구하는 연구실인 상트페테르부르크의 쿤스트카메르로 매머드를 가져와 관찰하고 연구하였다.

1799년에 시베리아의 레나 강* 하구에서 탐지된 그 매머드 사체는 북극의 영구 동토층에 수천 년 동안 보존되어 있었다. 영구 동토층이란 땅속 깊숙이 영구적으로 얼어 있는 부분으로, 지층이 움직이거나 지표층이 용해되었을 때 밖으로 노출된다. 발견된 사체는 높이가 320센티미터나 되었고, 머리에는 부분적으로 가죽이 남아 있었으며, 사지에는 그때까지 털이 덮여 있어서 매머드가 코끼리 형상과 매우 유사하다는 것을 쉽게 알아볼 수 있었다. 이 동물은 상트페테르부르크 동물 연구소 고생물 전시실에 지금도 전시되어 있다. 그 이후 냉동되어 상당히 잘 보존된 매머드가 열두 마리나 더 발견되었다.

앞에서 이미 말한 사실이지만 1799년, 블루멘바흐와 퀴비에는 중요한 사실을 두 가지 발표했다. 첫째, 매머드는 린네식 동물학 명명법에 따라 엘레파스 프리미게니우스(*Elephas primigenius*)라는 이름의 코끼리속의 종으로 규정됐다. 동물학에서 한 종의 이름은 두 개의 단어로 이루어지고, 대문자로 쓰는 첫 번째 이름이 바로 속의 이름인데, 여기서는 코끼리속이라는 뜻

●　●　●

레나 강 동시베리아 북쪽에서 랍테프 해로 흘러드는 강.

의 엘레파스를 썼다. 둘째, 코끼리를 닮은 것은 사실이지만, 매머드의 화석골이 현재의 코끼리 종들과는 세부적으로 차이가 있다는 사실을 발표했다.

그러다가 영국인 조슈아 브룩스가 마침내 맘무투스(*Mammuthus*)라는 속의 이름을 만들었으며, 1828년에 매머드는 맘무투스 프리미게니우스(*Mammuthus primigenius*)라는 이름으로 포유동물 화석 목록에 기재되었다.

매머드는 어떤 동물과 가장 가까울까?

매머드는 포유동물강에 속한 장비목의 **코끼리과**로 분류된다. 장비목은 긴 코를 가진 동물을 뜻하는 장비류(長鼻類)라고 불리기도 하는데, 장비류라는 말의 어원은 나팔이란 뜻의 그리스 어 프로보시스다.

코끼리과가 처음 나타난 것은 약 700만 년 전이다. 하지만 장비류는 이미 5000만 년 전에 존재했다. 가장 오래된 장비류는 약 5300만 년 전, 제3기의 시신세 초기 지층에서 발견되었다. 여우만한 크기에 포스파테리움 에스쿠에일리(*Phosphatherium escuieilli*)라는 이름의 이 오래된 화석은 코끼리와는 아주 다르다.

그렇지만 수천 년 동안의 변화를 나타내 주는 무수한 화석을 분석하여 맘무투스에서 포스파테리움에 이르는 장비류의 역사를 부분적으로나마 재구성할 수 있게 되었다. 장비류에는 약 160개의 화석화된 종이 있다. 그중에는 코끼리과의 출현과 상관없이 개별적으로 진화하거나 퇴화 또는 멸종된 그룹도 많다. 그러나 이 책에서는 매머드를 중심으로 다루기 때문에 다른 장비류 이야기는 이 정도로 그치겠다.

현재까지 알려진 최초의 코끼리과는 아프리카와 아라비아 반도의 500~700만 년 전 지층에서 발견되었다. 이때 발견된 코끼리속은 모두 다섯 가지였는데, 그중 두 가지는 현재의 아프리카 코끼리(록소돈타, *Loxodonta*)와 아시아 코끼리(엘레파스, *Elephas*)이며, 나머지 세 가지 코끼리속은 멸종했다.

그렇다면 맘무투스는 어떨까? 현재 알려진 맘무투스는 적어도 7가지 종이 있다. 역시 아프리카에서 발견된 맘무투스 가운데 가장 오래된 것은 400~500만 년 전, 곧 최초의 록소돈타와 엘레파스가 나타난 이후 200~300만 년이 지나 나타난 것으로 알려졌다. 하지만 매머드들이 코끼리들보다 더 늦게 출현한 것은 아니기 때문에, 아직 제일 오래된 매머드 화석을 찾지 못했다고 보는 편이 옳을 것이다. 어쨌든 록소돈타, 엘레파스, 맘무투스, 이 세 가지 모두 아프리카에서 생겨났다.

가장 오래된 맘무투스 표본의 뼈대와 턱뼈에 코끼리의 특징이 분명히 나타난다는 사실이 매우 중요하다. 하지만 맘무투스가 지닌 코끼리 어금니는 진화 과정에서 전체 크기가 점점 더 커지고, 치관이 매우 높으며, 톱날이라고 부르는 비스듬한 돌기 부분이 점점 많아지는 게 특징이다. 예를 들어 포스파테리움의 어금니는 길이가 1센티미터인 반면, 맘무투스 프리미게니우스(털복숭이 매머드)의 어금니는 30센티미터에 가깝다. 또한 포스파테리움의 날은 2개인데, 맘무투스 프리미게니우스는 28개까지 있다.

그렇다면 매머드는 아프리카 코끼리와 아시아 코끼리 중에서 어느 쪽에 더 가까울까?

해부 형태상 매머드는 아프리카 코끼리보다는 아시아 코끼리와 더 비슷하다. 그러나 해부학적인 유사점은 매머드종 전체가 아니라 단지 후기에 살았던 매머드만을 대상으로 한 것이기 때문에 이것만으로 결론을 지을 수는 없었다. 또한 아무리 해부 형태상으로 완벽한 사체라고 할지라도 DNA의 염기 서열이 굉장히 많이 파괴되어 있었기 때문에 실제 유전 정보를 알아내기도 힘들었다. 그래서 약 30여 년 간 매머드가 아시아 코끼리와 아프리카 코끼리 중 어느 쪽에 더 가까운지에 관한 팽팽한 논쟁이 있어 왔다.

그러나 2005년에 일본의 나고야 대학 연구팀과 독일 막스 플랑크 진화 인류학 연구소에서 각각 매머드의 DNA 정보를 완벽하게 복원한 후, 매머드는 아시아 코끼리에 더 가깝다고 발표함으로써 이 논쟁에 사실상 종지부를 찍었다. 아시아 코끼리와 아프리카 코끼리가 각각 매머드에서 분화되어 나간 정확한 시기를 두고 두 연구팀이 의견 차이를 보이고 있다. 하지만 아시아 코끼리가 아프리카 코끼리보다 더 늦게 분화되어 나갔으며, DNA면에서 아시아 코끼리와 매머드의 차이가 몇 퍼센트 정도밖에 되지 않는다는 점에서는 의견이 일치한다.

매머드는 언제 이 땅에 살았을까?

맘무투스 서브플라니프론스(*Mammuthus subplainfrons*)는 1928년 남아프리카에서 보고된 가장 오래된 매머드종으로서, 앞에서 이미 살펴본 바와 같이, 400~500만 년 전에 살았다. 맘무투스 아프리카나부스(*Mammuthus africanavus*)는 북아프리카와 사하라 이남의 아프리카, 동아프리카에서 상태가 좋지 않은 잔해가 발견되었을 때 보고된 매머드종으로, 약 300~400만 년 전에 살았던 것으로 보인다. 두 종 모두 일반인에게는 잘 알려져 있지 않다.

약 300만 년 전에는 맘무투스가 유라시아를 점령했다. 맘무투스 메리디오날리스(*Mammuthus meridionalis*), 맘무투스 트로곤테리이(*Mammuthus trogontherii*), 맘무투스 프리미게니우스라는 세 가지 매머드가 이 시기에 등장했다가 사라졌다. 맘무투스 메리디오날리스는 거대한 남방 매머드에 속하고, 맘무투스 트로곤테리이는 스텝에 살았던 매머드였으며, 맘무투스 프리미게니우스는 가장 최후까지 살아남은, 우리에게 가장 익숙한 매머드다.

세 종은 하나가 사라진 후에야 다른 종이 나타난 게 아니라서로 살았던 시기가 겹치면서 교차 계승했다. 즉 두 종이 동시대에 함께 살기도 했다는 뜻이다. 맘무투스 메리디오날리스는 처음에 북아메리카에서 머물다가 약 150만 년 전에 바다의 수위가 변하면서 나타난 베링 해를 거쳐 이동하여 곳곳에 흩어지게 되었다. 이후 맘무투스 트로곤테리이가 등장하여 두 종이 함께 산 시기는 약 100만 년 전이다. 45만 년 전이 되면 맘무투스 메리디오날리스가 사라지고, 맘무투스 프리미게니우스가 등장하여 맘무투스 트로곤테리이와 공존했다. 그러다가 19만 년 전쯤에 맘무투스 프리미게니우스만 남았다.

이제 최후의 매머드인 맘무투스 프리미게니우스에 초점을

맞출 때가 되었다. 약 45만 년 전에 나타난, 진화의 생생한 증거(**파생 형질**)이자 전형적인 매머드로 널리 알려져 있는 맘무투스 프리미게니우스에 대하여 이야기해 보자.

맘무투스 프리미게니우스는 매머드들 가운데 최후의 종으로서, 다른 종들에 비하면 멸종된 지 그렇게 오래된 것은 아니다. 현재까지 과학자들이 알아낸 바에 따르면, 매머드는 4000년 전에 시베리아 북동쪽에 위치한 북빙양의 랭겔 섬에서 멸종했다. 대륙에서 사라진 것은 그보다 더 거슬러 올라간, 약 1만 년 전이다.

최후의 매머드가 섬에서 산 이유는 무엇일까? 사실 그때는 바다의 수위가 가장 낮았던 시대였기 때문에 대륙은 지금보다 훨씬 북쪽까지 뻗어 있었고, 지금은 섬인 지역까지 포함하고 있었다. 당시에는 시베리아에서 알래스카까지 발을 적시지 않고도 갈 수 있었고, 맘무투스 프리미게니우스들은 10만 년 전에 이 경로를 따라 오늘날 미국의 중앙 대평원까지 머나먼 여행을 했다. 그 후 기온이 올라가면서 빙하가 녹아 현재와 같은 5대양 6대주가 나타난 것이다.

· · · ·

파생 형질 진화되고 변형되어 원래 상태와는 달라져서 유전되는 성질.

인류의 조상인 호모 사피엔스는 매머드를 동굴 벽화로 남겼다.

맘무투스 프리미게니우스, 즉 털북숭이 매머드는 고대에 살다가 멸종한 동물이 아니라 오늘날에도 살아 있는 동물처럼 느껴질 정도로 유명한 고생물이다. 얼어붙은 시베리아가 없었다면 냉동된 사체라는 전례 없는 화석으로 매머드를 만나는 일은 없었을 것이고, 매머드의 털과 가죽, 근육, 내장을 발굴하여 연구할 수도 없었을 것이다.

그렇지만 털북숭이 매머드가 친숙한 이유는 그래서만은 아니다. 10~20만 년, 어쩌면 그보다도 더 오래 전에 분화한 현대인의 조상인 호모 사피엔스가 털북숭이 매머드를 잘 알고 있었기 때문이다. 그러므로 오늘날 우리가 매머드에게 느끼는 친밀한 감정은 매우 오래된 것이다. 인간은 매머드를 매우 예술적으로 벽에 그리고 새겼던 것이다.

2

매머드는
어떻게 살았을까?

매머드는 어떻게 생겼을까?

  냉동 상태로 발견된 털북숭이 매머드의 사체는 최후에 남았던 매머드의 해부 구조를 낱낱이 파헤칠 수 있게 해 주었다. 과학자들은 매머드의 사체를 통해 매머드종의 개체들 간의 관계, 특히 수컷과 암컷 사이에 나타나는 다양한 관계 양상에 대하여 잘 알 수 있게 되었다. 이러한 연구 결과와 고대 생태 환경에 대한 지식을 결합하여 다른 어떤 고생물보다도 더 생생하게 매머드의 생활 방식을 복원할 수 있었다.

  최후의 매머드는 가장 유명한 매머드일 뿐만 아니라 가장 진화한 매머드이기도 하다. 계보의 끄트머리이자 500만 년 전부터 나타나기 시작한 모든 변형이 축적된 결과를 나타내는 매머드다. 이런 관점에서 보면, 최후의 매머드는 매머드들 사이에서뿐만 아니라 모든 코끼리과에서도 가장 혁신적인 종이라고 할 수 있다. 하지만 가장 진화한 동물이 가장 큰 동물이란 뜻은 아니라는 점을 분명히 짚고 넘어가야겠다.

포유동물의 생물학적 진화 과정에서 항상 크기가 커지는 것은 아니다. 매머드 중 가장 큰 종은 털북숭이 매머드의 오랜 조상인 남방 매머드인데, 이 남방 매머드는 어깨 너비가 4미터가 넘는다. 물론 털북숭이 매머드 중에서도 어깨 너비가 365센티미터가 넘는 커다란 표본이 독일에서 발견되었지만, 평균 어깨 너비는 3미터를 넘지 않는다. 안전 지대인 랭겔 섬에 살았던 마지막 매머드들은 어깨 너비가 2미터를 넘지 않았다. 마지막 매머드들은 종종 과장되게 '난쟁이 매머드'라 불리기도 했다.

그러나 크기가 다르든 같든, 털북숭이 매머드는 모두 똑같은 형태학적인 특징을 보인다. 일단 매머드는 현재의 코끼리와 비교하여 머리, 특히 얼굴이 큰데, 이것은 엄니가 있는 전악골(前顎骨)이 발달했기 때문이다. 맘무투스 프리미게니우스의 엄니는 확실히 강하고, 커다랗고, 길다. 게다가 그 끝은 아래쪽을 향하다 위쪽이자 바깥쪽으로 굽었다가 다시 안쪽으로 굽어 전체적으로 이중 나선 모양이다. 엄니를 감싼 두개골은 단단하고, 길며, 아래쪽으로 수직에 가깝게 뻗어 있어 좁아 보이기까지 한다. 두개골은 앞에서 뒤쪽으로 움푹 들어가 있으며, 높고,

맨 위가 뾰족하다. 턱뼈는 커다란 어금니에 맞게 높다. 많게는 28개인 어금니의 뾰족한 날은 맘무투스 메리디오날리스와 맘무투스 트로곤테리이의 날보다 더 얇다.

현재의 코끼리처럼, 매머드는 상징적인 기관인 긴 코를 갖고 있다. 이 기관은 호흡뿐만 아니라 음식물을 집어들거나 사회적으로 소통하는 수단으로도 사용된다. 그리고 수많은 신경속(神經束)이 세분화되어 코와 윗입술의 기본 근육이 수축하고 팽창하면서 아주 예민한 기관인 긴 코를 자유자재로 움직일 수 있다. 냉동 사체 덕분에 매머드의 긴 코가 코끼리의 긴 코와 같은 구조를 갖고 있다는 것을 알게 되었다. 흔히 코끼리의 코끝에 손가락이 달려 있는 것으로 묘사한다. 실제로 아시아 코끼리는 긴 코 위쪽에 손가락이 하나 있고, 아프리카 코끼리는 두 개가 있다. 매머드는 위쪽 가장자리에 넓적한 손가락과 아래쪽 가장자리에 칼 모양의 얇은 주걱 같은 것이 하나씩 있다.

최후의 매머드는 가죽과 근육 등의 조직이 부드러운데, 이는 확실히 추위에 적응해 온 증거라고 볼 수 있다. 매머드의 가죽 두께가 오늘날 코끼리 가죽에 비해 2센티미터밖에 되지 않을 정도로 얇은 것은, 극지방의 환경에 적응하기 위한 단열층으로 사용되는 지방층이 가죽 밑으로 8~10센티미터나 온몸에 퍼져 있기 때문이다. 현재의 코끼리에 비하여 귀가 작고 꼬리가 짧은 것도 혹독한 기후에 적응하기 위한 것이다. 어깨 너비가 290센티미터인 베레조프카˚의 매머드는 꼬리 길이가 35센티미터밖에 되지 않는다. 가장 넓은 귀를 가진 매머드는 애덤스의 매머드인데 귀의 길이가 38센티미터에 너비가 17센티미터다. 마찬가지 이유로 항문 판막이 꼬리 밑에 발달되어 있는데, 이 판막은 흔히 밸브라고 불린다. 하지만 매머드의 경우 피부 주름이 항문 전체를 뒤덮은 반면 현재의 코끼리는 피부 주름이 축소되어 있다. 완벽하게 보존된 베레조프카의 매머드에서 발견된 이러한 사실들은, 크로마뇽인들이 날카로운 관찰력으로 콩바렐˚ 동굴에 새긴 매머드에서도 확인할 수 있다.

그러나 추위를 막을 수 있는 가장 좋은 보호막은 역시 털이다. 냉동된 사체에서 관찰한 매머드의 털은 두 종류로 이루어져 있다. 하나는 **털 뭉치**라고 부르는 속에 난 털인데 길이가 5센티미터를 넘지 않고, 가늘며, 빽빽하게 자라는 편이라 효과적으로 체온을 유지해 주었다. 두 번째로는 **거친 털**인데, 속에 있는

• • • •

베레조프카 시베리아 크라스노야르스크 지방의 한 마을.
콩바렐 프랑스 도르도뉴 지방에 있는 작은 마을로, 선사 시대의 동굴 벽화로 유명하다.

털 뭉치를 덮고 있다. 온몸에 자라는 거친 털은 평균 지름이 0.6밀리미터로 굵고 길며, 평균 길이는 45센티미터이지만, 더 길고 무성하게 자라 길이가 90센티미터에 이르는 것도 있다. 털 길이는 어느 부위에 났느냐에 따라 달라지는데, 다리에 난 털은 15센티미터밖에 되지 않은 반면, 등에 난 털은 45센티미터나 된다. 턱과 목 아래, 옆구리를 따라 난 털이 가장 길어서, 전해 오는 그림을 보면 꼭 길게 늘어진 술 장식처럼 보인다. 긴 코 역시 전체적으로 털로 덮여 있었는데, 양쪽 가장자리의 털이 더 길고, 코 끝 쪽에는 털이 훨씬 더 무성하게 나 있었다. 꼬리에 난 짧고 두꺼운 털도 특히 끝 쪽에서 무성하게 자랐는데, 길이가 35센티미터나 되는 털도 있어서 꼬리가 두 배로 길어 보였다.

털 색깔은 아직 확실하게 밝혀진 바가 없이 논란의 대상이 되어 왔다. 매머드 털은 작가에 따라 흔히 다갈색, 검은색, 누런색 등으로 묘사되었다. 과학자들 중에는 털이 원래 짙은 갈색이었으나 냉동 보존되는 과정에서 변색되었다고 생각한 사람도 있다. 1900년 베레조프카 강가와 1907년 산가유라흐 강가에서 냉동된 매머드 사체를 발굴한 피첸마이어는 1939년에 출간한 『시베리아의 매머드』에서 이렇게 이야기하고 있다.

이 후피 동물은 거친 털과 털 뭉치로 이루어진 길고 두꺼운 털로 덮여 있었다. 거친 털은 가슴과 목, 등과 옆구리에 더 길게 자라 있었다. 원래 색은 짙은 적갈색으로, 신체 부분에 따라서 색조가 짙어지거나 밝아지는 듯하다. 나머지 부분에 난 털은 대개 더 밝은 색으로, 윤기 없는 색조를 띠고 있거나 황갈색으로 변색되어 있고, 어두운 회색빛이었다. 꼬리에 난 뻣뻣한 털은 잘라 보면 단면이 타원형이고, 0.5밀리미터 정도 두께에 짙은 흑갈색을 띠고 있었다.

매머드는 정말 시베리아에서 살았을까?

이와 같이 지금의 코끼리와는 다른 점이 많지만 매머드는 코끼리 중의 코끼리로 남아 있다. 따라서 현재 살아 있는 아프리카 코끼리와 아시아 코끼리의 생활 방식을 매머드의 생활 방식으로 일반화해 적용해도 큰 문제는 없을 듯하다.

포유동물 중에서도 코끼리는 평생 동안 성장한다는 것이 특징이다. 털북숭이 매머드도 마찬가지일 수 있다. 매머드가 80년까지 살 수 있다고 주장하는 사람도 있다. 코끼리의 평균 수명은 60년 정도 되는데, 대략 30~40살이 되면 성장이 둔화되지만, 결코 성장을 멈추지는 않는다.

뿐만 아니라 코끼리와 털북숭이 매머드는 똑같이 어금니가 계속 나온다는 사실을 알 수 있다. 매머드는 영구치 엄니로 교체되는 유치 엄니 하나가 위쪽에 나 있고, 앞어금니로 교체되지 않는 유치 어금니 세 개, 거기에 더해 영구치 어금니 세 개 등 어금니가 턱뼈의 반을 차지한다. 현재의 코끼리처럼 어금니가 새로 나면 먼저 있던 어금니는 밀려나고, 나중에 생긴 것이 그 자리를 차지하며, 살아 있는 동안 내내 뒤에서 앞으로 생겨난다.

털북숭이 매머드의 어금니가 계속하여 나오는 현상은 다음과 같다. 태어날 때부터 유치 어금니 하나가 있으며, 6개월경에 바로 뒤쪽에 두 번째 어금니가 나온다. 30개월이 되면 첫 번째 유치 어금니가 빠지고, 이 단계부터 다른 어금니들이 하나씩 자리를 잡는다. 30년째가 되면 마지막 영구치 어금니들이 턱뼈의 뒤쪽에 나타나기 시작하고, 두 번째 났던 어금니는 오래 사용하여 마모되어 있고, 첫 번째 났던 어금니는 이미 오래전에 빠지고 없다. 40년이 되면서부터는 마지막에 난 어금니들만 남아 있게 된다.

성년이 된 매머드의 무게는 약 4~6톤이다. 광활한 툰드라의 눈 아래에 드문드문 숨은 지의류* 만으로는 그렇게 큰 덩치를

무게가 4~6톤이나 나가는 매머드는 지의류만 드문드문 있는 툰드라 지대가 아니라
광활하게 펼쳐진 초원에서 살았던 초식 동물이었다.

유지하는 데 필요한 양분을 공급할 수가 없었다. 사실 드넓은 눈밭 한가운데 있는 매머드 이미지는 잘못된 것이다. 사실 털 북숭이 매머드가 살았던 환경은 툰드라가 아니라 오늘날에는 찾아볼 수 없는 초원의 스텝이었다. 극지방의 스텝에 드넓게 펼쳐진 초원은 매우 비옥하여 매머드를 포함한 수많은 초식 동물을 먹일 수 있었다. 그러다가 지금으로부터 약 1만 년 전에 이와 같은 환경이 일부는 툰드라로, 일부는 침엽 수림지대로 변했다. 극지방의 스텝에 의존해 살던 포유동물, 예를 들어 털 북숭이 매머드와 코뿔소도 스텝이 사라지면서 함께 사라져 버렸다.

50만 년 전에 자리 잡은, **매머드가 살던 스텝**은 유럽에서 북 아메리카까지 뻗어 있었다. 바다의 수위가 낮고, 전 세계가 마지막으로 온난해지기 전, 건조한 기후 때문에 높은 위도에서도 스텝이 발달할 수 있었다. 또한 앞서 말했듯이 시베리아 북쪽 해안은 현재보다 북극에 더 가까운 곳까지 뻗어 있었다. 여름에도 온도가 섭씨 10도를 넘지 않았지만, 초본 식물이 발육할

● ● ●

지의류 남조 식물의 일종인 조류와 기생해서 생활해야만 하는 균류가 복합체가 되어 생활하는 식물군. 균류의 균사가 조류를 감싼 모양을 하고 있다.

수 있는 좋은 계절이 더 길었다. 매우 혹독한 계절이었을 것으로 생각되는 겨울이 되면 매머드는 스텝의 남방 지역으로 이동했다. 혹독한 계절이었다고는 해도 눈은 오늘날보다 더 적게 내렸다.

식물들의 흔적, 특히 꽃가루를 발견한 덕분에, 매머드가 살던 스텝이 어떤 곳이었는지 알게 되었다. 뿐만 아니라 냉동 사체의 위와 장을 해부하여 그 안의 내용물을 조사한 결과 아기 매머드나 다 자란 털북숭이 매머드가 무엇을 먹었는지도 알게 되었다. 이를 바탕으로 매머드의 식성과 그와 관련된 다른 사항들도 충분히 유추할 수 있을 것으로 보인다.

매머드는 하루에 식물을 200킬로그램 정도 먹었던 듯하다. 매머드가 섭취하는 음식은 기본적으로 풀이다. 털북숭이 매머드가 섭취하는 식물의 90퍼센트는 티모시˚를 비롯한 여러 종의 화본과 식물, 흐르는 물가에서 무성하게 자라는 사초 또는

● ● ●

티모시 외떡잎식물 벼목 화본과의 여러해살이풀로, 큰조아재비라고도 한다. 유럽과 온대 아시아 원산으로 산과 들에서 자란다. 고랭지에서 잘 자라며, 방목지에 심어 사일리지로 쓰는데, 줄기가 가늘어 건초 재료로 좋다. 한국에는 목초자원으로 들여온 귀화 식물이며, 전 세계의 냉온대 지방에서 재배한다.

사초속˚이다. 여기에 몇 가지를 덧붙이면, 아주 소량의 쑥과 데이지, 민들레, 샐비어, 백리향, 미나리아재비, 양귀비, 그 밖에 왜소형 버드나무, 왜소형 자작나무, 매우 드물게 낙엽송의 바늘잎을 먹었다.

스텝의 광활한 초원에서 풀을 뜯던 털북숭이 매머드 무리들은 아마도 현재 아프리카 사바나에서 사는 코끼리 무리처럼 조직화되었을 것이다. 다 자란 암컷 10~40마리와 어린 코끼리들로 구성된 이 무리는 나이 든 암컷이 통솔하는 모계 사회였다. 아프리카 코끼리와의 유사점을 근거로 추측하건대, 수컷들은 열네 살이 되면 무리를 떠났음에 틀림없다. 교미 시기는 여름이고 잉태 기간이 22개월이므로 약 2년 후 늦봄이나 초여름에 새끼들이 태어났다. 이때는 자연이 초본 식물이라는 가장 좋은 영양 공급원을 제공하기 시작하는 순간이다.

● ● ●

사초속 외떡잎식물 벼목 사초과 사초속 식물의 총칭으로 여러해살이풀로 땅속줄기가 있다. 열대에서 한대까지, 건조한 바위 틈에서 습지에 이르기까지 널리 분포하지만, 특히 온대 지방 이상의 습지에서 자란다. 세계에 1500~2000종이 있으며, 한국에는 140종 정도가 자란다.

인간과 매머드는 어떤 관계였을까?

그러면 인간은 어디에 있었을까? 맘무투스 프리미게니우스가 개별적으로 진화하는 동안, 네안데르탈인과 호모 사피엔스라는 두 유형의 인간이 지구상에 살고 있었다. 호모 사피엔스 중에서 가장 발달한 크로마뇽인들은 시베리아와 시베리아에서 북아메리카로 건너간 매머드까지 포함해서 여러 매머드들과 가까이 지냈으며 그들의 그림을 남기기도 했다.

크로마뇽인은 매머드를 사냥했을까? 아니면 단지 죽은 매머드 고기만 먹었을까? 이에 대해서는 현재 순조롭게 토론이 진행되고 있다. 하지만 이와는 별개로 인간이 매머드의 뼈를 사용한 것은 명백한 사실이다. 분명한 건 2만 5000년 전에서 1만 5000년 전 사이에 러시아와 우크라이나에서 매머드 문화가 발달했다는 사실이다.

혹시 인간이 매머드를 마구잡이로 사냥하는 바람에 매머드가 멸종한 것일까? 이 가설은 타당성이 적어 보인다. 아무리 자주 사냥을 했다 하더라도 그 시대의 인간이 이용할 수 있는 수단과 사냥 형태를 고려해 보았을 때, 인간이 매머드가 멸종될 정도로 짧은 기간에 많은 개체를 잡을 수는 없었으리라고 생각된다. 아프리카 피그미* 족은 늘 코끼리를 사냥했지만, 19세기

당시의 사냥 수단을 고려해 볼 때 인간의 수렵에 의해
매머드가 멸종했다는 가설은 신빙성이 없어 보인다.

와 20세기에 들어와 서구인이 현대적인 도구로 자행한 대학살과 비교하면 아주 미미한 정도였다.

수많은 초식 동물이 먹고살기에 충분한 스텝이 있었으므로 매머드나 다른 커다란 포유동물이 늑대와 여우, 오소리, 동굴 사자, 하이에나와 인간을 포함한 포식자와 조화를 이루며 사는 모습을 상상하는 것이 너 타당하다. 커다란 포유동물이 멸종하는 데는 인간의 수렵 활동보다는 기후와 환경의 변화가 중요한 역할을 했을지도 모른다.

● ● ●

피그미 인류학적으로 평균 신장이 150센티미터가 안 되는 왜소한 종족을 통틀어 가리키는 말로, 아프리카에 사는 특정 부족민을 가리키기도 한다.

3

매머드 복제,
꿈 인가 현실 인가?

매머드 복제는 언제부터 생각했을까?

1958년 프랑스에서 출판된 모험 소설 『밥 모란의 모험』* 26권
에서는 시베리아 한복판에서 불굴의 대여행이 펼쳐진다. 이 책
의 제목은 『타이가의 거인들』로, 주인공 밥 모란이 충직한 동
료 빌 발랑틴과 함께 세계를 구할 임무를 띠고 전 세계를 여행

●　●　●

밥 모란의 모험　프랑스의 소설가 샤를앙리 데위즘이 앙리 베른이라는 예명으로
발표한 모험 소설 시리즈. 제2차 세계 대전에서 공군 파일럿으로 활약하다가 전쟁
이 끝나자 프리랜서 모험가로 전직한 밥 모란이 주인공이다. 범죄 소설, 모험 소
설, 심지어는 SF와 판타지까지 전 장르를 아우르는 철저한 대중 소설로, 1953년
에 처음 시작하여 200권이 넘는 소설이 출간되었으며, 영화와 텔레비전 시리즈로
제작되기도 했다.

하는 시리즈 중 한 권이다. 이 책에서 타이가의 거인이란 매머드를 말하는데, 화석도 아니고 냉동 사체도 아닌, 20세기 중심에서 살아 숨쉬는 동물들이라는 점이 특별하다. 시간을 가로질러 나타난 걸까? 그렇지 않다. 여기에 등장한 매머드는 복제된 매머드다. 더 정확히 말하면, 유전자 조작으로 매머드를 부활시킨 것인데, 어떤 메커니즘으로 그렇게 한 것인지는 베일에 싸여 있다. 사실 DNA의 이중 나선 구조를 발견한 후 몇 년이 지난 후에도 DNA 분자는 여전히 신비하면서도 초현실적인 것으로 인식되었다. 모란의 시베리아 모험에 복제라는 문제가 전혀 거론되지는 않지만, 흥미로운 것은 매머드가 부활한다는 사실이다.

스티븐 스필버그가 영화로 만들어 굉장한 성공을 거둔 마이클 크라이튼의 『쥬라기 공원』이 출간되기 전에도 유전자 조작을 통하여 사라진 동물이나 화석을 부활시킨다는 발상은 존재했다. 밥 모란이 매머드를 발견하고 경악하였던 울타리 안의

- - -

마이클 크라이튼(Michael Crichton, 1942~) 미국의 대표적인 대중 소설가. 하버드 대학 인류학과를 수석으로 졸업한 후 의학을 전공하다가 그만두고 소설가로 나섰다. 『쥬라기 공원』, 『콩고』, 『스피어』, 『타임라인』 등 과학적인 현안과 스릴러적인 스토리를 배합한 작품을 썼다. 거의 모든 작품이 영화화되었다.

땅은 쥬라기 공원의 난폭한 포식자 랩터˚를 어렵게 가둬 두었던 울타리 안의 땅과 굉장히 유사하다. 분명히 두 작품 사이에는 큰 연관이 있는 듯하다. 하지만 이것은 여기에서 밝혀 낼 수 없는 문제이며, 밝혀 낼 필요도 없다. 다시 매머드의 복제와 부활이라는 문제로 돌아가 보자.

복제는 어떻게 이루어질까?

인공적인 방법으로 생명체를 태어나게 할 수 있다는 생각은 1996년에 태어난('창조한'이라고 써야 되지 않을까?) 그 유명한 복제양 돌리 덕분이다. 현존하는 동물을 복제할 수 있다면 화석이 된 동물도 가능하지 않을까? 그렇지만 매머드의 경우, 아직은 이론을 적용해 실험하기에는 이른 단계다.

● ● ● ●

랩터 벨로시랩터. 빠르다는 뜻의 '벨로시', 가로채 사냥한다는 뜻의 '랩터'를 조합해 만든 이름으로, 백악기 후기에 살았던 가장 지능적인 육식 공룡이다. 자기 몸보다 훨씬 큰 공룡까지 사냥할 수 있으며, 뛰어난 지능과 교활한 사냥 방법 때문에 「쥬라기 공원」에서 가장 공포스러운 공룡으로 그려지고 있다.

복제 기술은 의외로 아주 단순한 작업이다.* 모든 생명체의 세포는 세포막 및 그안의 세포질과 핵으로 구성된다. 이 핵 안에 유전 물질인 **DNA**가 있다. 우리가 이러저러한 종의 **유전체**에 대하여 얘기할 때, 그것은 모두 DNA로 이루어진 **유전자**의 전체 집합체를 언급하는 것이다. 각 유전자는 뉴클레오티드가 연속 배열된 DNA로 구성된다. 유전체는 총 20억 개가 넘는 뉴클레오티드를 포함하고 있다. 이것을 흔히 세포핵의 DNA라고 명시하는데, 그것은 세포질 속에 포함된 세포 미립자인 미토콘드리아도 DNA를 갖고 있기 때문이다. 그리고 이 DNA를 미토콘드리아 DNA라고 한다. 아주 작은 미토콘드리아 유전체는 (코끼리의 경우 1만 6500개의 뉴클레오티드가 있다.) 독점적으로 어머니로부터만 전달된다. 하지만 복제 기술에서는 세포핵의 DNA가 문제다.

일반적으로 번식을 할 때, 아버지의 유전 형질을 갖고 있는 정자가 난자를 수정시킨다. 이와 같은 결합으로 생기는 배아는 양친의 유전 형질을 모두 갖게 된다. 이것이 자연 생식이다.

• • • •

복제 복제 과정에 대해서는 이 시리즈의 『복제는 정말로 비윤리적인가?』를, 유전자의 구성과 성질에 관해서는 『유전자란 무엇인가?』를 참조하라.

복제 기술이 대체하는 단계가 이 단계다. 원리는 다음과 같다. 발육 중인 여성 생식 세포를 채취하여 핵을 떼어 낸다. 그리고 그 자리에 다른 개체에서 채취한 세포에서 뽑아 낸 핵을 넣는다. 꼭 다른 개체가 아니라도 근육 세포와 생식 세포 사이에 이러한 이식을 할 수 있다. 이식이 끝나면 여성 생식 세포는 완전히 다른 유전 형질을 가진 세포핵을 지니게 된다. 이와 같이 핵 치환된 난자에서 태어난 배아는 삽입된 세포핵과 동일한 유전체를 갖게 될 것이다. 이런 식으로 고양잇과(식육목), 토낏과(토끼목) 그리고 쥣과(설치류)˚와 아울러 **우제류(偶蹄類)**˚에 속하는 양, 소, 돼지의 복제가 이루어진 것이다.

수많은 실패를 거듭한 후에, 2003년에 드디어 **기제류(奇蹄類)**˚를 복제하는 데 성공하였다. 같은 해 봄, 당나귀 에쿠스 아시누스와 암말 에쿠스 카발루스의 잡종인 노새˚로부터 아이다호

● ● ●

설치류 쥐목 포유류를 총칭한다. 몸은 작으며 송곳니가 없다. 앞니는 한 쌍으로 끊임없이 자라는데 단단한 것을 갉는다. 곡물을 먹고 질병을 옮긴다. 다람쥣과, 비단털것과, 쥣과가 있다.

우제류 척추동물 포유강의 한 목을 이루는 동물군으로 소류, 소목이라고도 한다. 발굽은 두 개 또는 네 개로 짝수이고 좌우 대칭이다. 보통 셋째와 넷째 발가락이 발달하여 한 개의 발굽이 둘로 갈라진 것처럼 보인다. 대개가 초식성이고 육상 생활을 하며 소, 사슴, 양 등이 있는데 전 세계에 널리 분포한다.

젬이라 명명된 수노새가 태어났다. 아이다호 대학 연구실에서
이루어진 이 대사건은 미국의 과학 잡지 《사이언스》에 발표되
었다. 뒤이어 여름에는 이탈리아에서 말과 암망아지에서 복제된
프로메테아가 태어나 영국의 과학 잡지 《네이처》에 발표되었다.

프로메테아는 관심을 갖고 논의할 만한 특별한 경우다. 아
이다호 젬은 표준 절차에 따라 45일 된 수노새의 배아, 즉 배아
를 갖고 있는 어머니와는 다른 개체의 배아에서 세포핵을 채취
하여 이식한 것이었다. 그런데 프로메테아는 장차 핵 치환된
배아를 품게 될 모체로부터 채취한 세포를 이용한 것이었다.

매머드도 복제할 수 있을까?

말 복제에 성공했다고 해서 매머드 복제에 한 걸음 더 가까

● ● ●

기제류 척추동물 포유강에 속하는 기제목 동물의 총칭으로 말목이라고도 한다.
발굽이 있고 뒷발의 발가락수가 홀수인 동물들의 1군으로 말, 당나귀, 코뿔소 등
이 있다.
노새 수나귀와 암말 사이에 태어난 잡종으로, 새끼를 낳지 못한다는 것이 지금까
지의 정설이었다.

이 갔다고 말할 수 있을까? 이미 살펴본 바와 같이 매머드는 우제류도 아니고 기제류도 아닌 장비류로 분류된다. 하지만 기제류와 더 가까운 동물인 건 사실이다. 장비류의 조상이 해우류(海牛類. 바다소, 듀공 등)와 바위너구리목(바위너구리), 기제류 등 다른 과 포유동물의 조상과 같다고 생각하는 사람들도 있다.

그렇다고 해서 매머드를 복제할 가능성이 높아진 것은 아니다. 코끼리를 복제한 적이 없다는 것만이 문제가 아니라 이제까지 복제한 것이 모두 살아 있는 생명체였다는 것이 문제다. 매머드는 살아 있는 생명체가 아니라 멸종된 동물이 아닌가? 그런데도 왜 계속 매머드를 복제하려고 시도하는 걸까? 앞서 말했듯이 매머드는 다른 화석과는 다르게 보존 상태가 아주 양호했기 때문이다.

냉동된 매머드의 유골이 워낙 잘 보존되어 있다 보니 매머드가 오래전에 멸종한 동물이 아니라 최근까지 살아 있던 동물처럼 느껴지는 것이다. 뼈뿐만 아니라 부드러운 조직과 근육, 가죽과 털이 완벽하게 보존되어 있고, 굵은 뼈가 마치 고기를 발라 내고 꺼내 온 것처럼 말끔하고 생생해서 당연히 DNA를 채취하는 데 어려움이 없을 것처럼 보인다. 매머드의 사체를 발견한 사람들은 발굴 작업 중에 냉동된 매머드에서 이제 막

냉동된 매머드는 다른 화석과 달리 보존 상태가 매우 좋아서
매머드 복제에 대한 꿈을 꾸게 한다.

죽어 부패하기 직전의 동물에서 나는 냄새가 났다고 했다. 심지어 썰매를 끄는 개들이 그 고기를 먹기까지 했다고 한다.

이 정도면 이미 수만 년 전에 죽은 매머드를 완전히 죽은 것이 아니라고 상상할 만하지 않겠는가? 사실 냉동된 매머드에서 없어진 부분은 늑대나 여우 같은 동물이 먹은 탓일 거라는 추측도 많다.

그러나 DNA를 말할 때 살아 있는 세포만 가리키는 것은 아니다. 화석 DNA도 있을 수 있는데, 물론 그중 가장 좋은 화석 DNA는 당연히 매머드의 DNA다. 프랑스 국립 자연사 박물관에 전시된 리아코프의 매머드를 연구하는 레지 드브륀은 매머드 유골의 종자골(손의 작은 뼈)에서 채취한 DNA 염기 서열을 밝히는 데 성공하였다.

이 동물은 적어도 4만 9000년 전에 살았다. 이 매머드는 1세기 전에 발견된 후 염장 처리되어 수십 년 간 박물관 지하에 보관되었다가 50년 전에야 대중 앞에 전시되었다. DNA를 보호하기 위한 조치는 전혀 하지 않은 상태라고 볼 수 있다. 그런데도 DNA가 여전히 뼛속에 간직되어 있었던 것이다. 이제 문제는 DNA 염기 서열의 한 조각에 지나지 않는 이 DNA로부터 전체 유전체를 밝혀 내야 한다는 것이다.

매머드를 복제하는 데 문제는 없을까?

첫 번째 문제는, 복제 대상은 살아 있는 완전한 핵을 갖고 있어야 한다는 것이다. 그런데 냉동 상태로 발견된 매머드에서 살아 있는 세포는 하나도 발견되지 않았다. 1977년, 시베리아 북부 마가단에서 발굴된, 완벽한 상태로 보존된 멋진 아기 매머드 디마도 살아 있는 핵을 전혀 갖고 있지 않았다. 그래서 가장 좋은 조직에서 세포를 배양하려는 시도는 모두 실패로 돌아갔다.

실험실에서는 섭씨 영하 80도로 세포를 냉동 보관하는 것이 가능하다. 보통 실험에 이용되는 세포는 늘 이렇게 보관되어 왔다. 그런데 북극의 영구 동토층에서는 사정이 다르다.

냉동된 매머드를 발견했을 당시 상황을 보면 대개 지표면이 녹아 땅이 붕괴된 상태였거나 사체 표면의 일부분이 노출된 상태였다. 따뜻한 계절마다 이런 현상이 정기적으로 발생하여 냉동된 매머드가 여러 해 동안 노출되었을 수도 있다. 조직을 완벽하게 보관하기 위한 임상 조건에는 전혀 맞지 않는 환경이었던 것이다.

베르나르 비그가 야르코프를 찾아 떠났을 때는, 냉동된 매머드의 머리와 엄니들이 지면에 노출되어 있었다. 타이미르의 주민 돌간 인들은 부패가 빨리 진행되는 것을 막기 위하여 저온 체제를 유지하려고 노력하고 있었다. 매머드가 들어 있는 흙더미는 현재 영하 10도인 하탕가˚ 지하에 보관되어 있다.

하지만 아무리 이와 같이 신중을 기한다 할지라도 세포핵을 사용 가능한 상태로 보존할 수는 없다. 달리 말하면, 냉동된 매머드에서 살아 있는 세포를 발견할 가능성은 전혀 없다.

게다가 이것이 전부가 아니다. 설사 기적적으로 살아 있는 세포를 발견하더라도 복제에 성공하기까지는 아주 멀고 험난한 길이 남아 있다. 맘무투스 프리미게니우스의 유전체를 갖고 있는 세포의 핵을 추출한 다음, 아프리카 코끼리나 아시아 코끼리 암컷의 난모 세포를 떼어 내어 그 안에 핵을 삽입하는 게 시작이다. 이때 핵 이식 시술에 성공해야 하고, 그 다음에 배아를 품을 모체에 이식하기 전에 배아가 정상적으로 발육해야 한다. 그런데 살아 있는 포유동물을 복제할 때도 그중 하나를 성

• • • •

타이미르 러시아 크라스노야르스크 지방에 있는 자치구. 주민의 3분의 2가 러시아 인이며, 그 외 주민은 네네트 인, 돌간 인 등이며, 순록과 은여우를 사육하고, 어로와 수렵, 광업, 채소 재배 등 1차 산업에 종사한다.
하탕가 타이미르 반도에서 가장 큰 마을.

공시키기 위하여 수백 번이 넘는 시도를 해야만 하는 실정이다.

아이다호 젬의 경우, 암말에게 핵 이식 시술을 300번 넘게 해야 했고, 프로메테아는 800번이 넘게 시도했다. 암망아지 프로메테아는 그야말로 극적으로 살아남은 존재다. 800번의 시도 중에 약 20개의 배아가 정상적으로 발육했고, 이 배아를 모체로 옮기는 시술에서 성공한 것은 단지 아홉 마리뿐이었다. 그 가운데서도 최종적으로 정상적인 수태에 성공한 건 단 한 마리였는데, 그나마 배아를 추출한 세포의 모체가 수태한 덕분에 복제에 성공한 것이다.

따라서 매머드 복제가 성공하기 위해서는 완벽한 상태의 핵을 갖고 있는 매머드의 세포가 수백 개는 필요하다는 결론이 나온다. 이 정도면 인간의 능력 밖의 일이라고 할 수 있다.

꿈이 이루어지기를 열망한다면 눈을 낮춰 다시 생각해 봐야 할 것이다. 매머드에서 작은 유전체라고 할 수 있는 미토콘드리아의 완전한 염기 서열을 알아내고, 또 그것과 현존하는 코끼리의 유전체(유전자, 뉴클레오티드)와 하나하나 비교하는 것마저 아직까지는 꿈이며, 더 나아가 유토피아일 뿐이다. 하물며 매머드 복제는 유토피아 그 이상의 것인지도 모른다.

4

언젠가는 매머드를
부활시킬 수 있을까?

매머드를 부활시킬 방법이 있을까?

한편 "매머드를 복제할 수 있을까?"라는 의문을 명확하게 제기하기도 전에 "매머드를 복제해야만 하는가?"라는 전혀 다른 주제로 토론이 벌어졌다. 매머드가 살았던 스텝의 자연 환경은 이미 매머드와 함께 사라져 버리고 없는데, 아무 대책 없이 매머드를 복제하면 어떻게 하느냐는 것이다. 하지만 걱정할 필요 없다. 복제된 매머드가 살아갈 땅과 먹이를 걱정할 날이 오려면 아직 멀었기 때문이다.

또 다른 문제는 매머드 복제라는 허황된 꿈에 대하여 언론이 아주 모호하게 이야기한다는 것이다. 시대 상황이자 시대 문화라고 해도 좋을 선정주의 때문이다. 그렇지만 대중이 매머드를 진정으로 복제할 수 있다고 믿도록 여지를 남겨 놓는다면, 시간이 흘러 아무 변화도 일어나지 않는다는 것을 알게 되었을 때 대중이 느낄 실망은 더 더 커질 뿐이다.

"매머드를 부활시킬 수 있을까?"라는 의문에 네, 아니오로 대답해야 한다면, 현재까지는 아니라고 대답할 수밖에 없다.

수백, 수천 번 매머드의 세포 배양을 기다리는 동안, 매머드를 부활시킬 수 있는 유일한 방법은 최신을 다하여 화석이 전하는 말을 연구하는 것이다. 아직 매머드에 대해서 모든 게 밝혀진 것이 아니다. 매머드의 고생물학적인 진화 과정, 매머드의 생리학적 구조와 질병, 유전체 등 매머드에 대해 알지 못하는 부분이 훨씬 더 많다. 이는 고생물학자와 계통 발생학자의 임무가 중대하다는 뜻이다. 따라서 매머드를 부활시키기 위해서는 여러 부문의 학자들이 서로 협력하여 연구해야 한다는 것만이 현재 가장 타당하게 내세울 수 있는 결론이다.

●　●　●

계통 발생학 생물의 발생 과정을 화석이나 여러 자료를 통해 계통학적으로 연구하는 학문.

현대의 매머드는 어떤 모습일까?

고생물학자들이 매머드를 부활시키려고 노력한 지 두 세기가 지났다. 매머드는 처음에는 종이와 평면 영상을 통해 부활했지만, 오늘날에는 더 종합적인 영상으로 부활했다. 세계 도처에 있는 자연사 박물관에 전시된 매머드의 뼈대와 가죽과 털의 잔해, 그리고 냉동된 매머드의 완전한 머리와 발을 가지고 3차원 입체 영상으로 재현한 것이다. 이미 그것만도 대단한 일이다. 매머드를 다시 생명체로 부활시킨다는 것은 나쁜 꿈은 아니지만, 현재로서는 꿈에 지나지 않는다.

분명한 것은 오늘날에도 거의 화석에 가까운, 실질적으로 살아 있으며 생존에 도움을 줄 수 있는 아시아 코끼리와 아프리카 코끼리가 생존해 있다는 사실이다. 현재 아시아에는 2~3만 마리의 야생 코끼리가 있다. 아프리카에서는 100만 마리이던 아프리카 코끼리의 수가 30년 만에 40만 마리로 줄었다. 이런 속도로 계속 수가 줄어든다면, 2030년이 되면 아프리카에는 코끼리가 한 마리도 없을 것이다. 매년 수가 줄어드는 동물을 보호하기 위한 대책으로, 아프리카 일부 지역에서 동물과 동물에 관련된 것들을 상업적으로 거래하는 것을 금지하는 국제적인 조치가 내려졌다. 그러나 이 조치로 밀렵이 늘어나는 반작

용이 생길 우려도 있다.

그렇다고 코끼리가 완전히 멸종하진 않을 것이다. 아시아에서처럼 아프리카에서도, 코끼리들은 자연 공원이나 동물원 울타리 안에서 보호될 것이기 때문이다. 그러나 수십만 년 동안 그리고 지난 한 세기 전까지만 해도 코끼리의 삶이었던 우기의 대이동은 더 이상 볼 수 없게 될 것이다. 보호를 받지만 인위적인 새로운 삶을 살게 되는 것이다. 이런 코끼리의 운명은 시베리아에 복원된 스텝에서 복제된 매머드들이 살게 될 삶과 판박이다. 이처럼 최후의 코끼리에게 다가오는 슬픈 운명은 결국 인간의 책임이 될 것이다.

태어난 그대로의 자연 환경 속에서 코끼리를 관찰하는 것, 아프리카의 사바나 한가운데서 홀로 늙은 수코끼리를 추적해 관찰하는 일은, 어떤 영화나 동물원의 울타리 안에서는 결코 상상도 하지 못할 정도로 감동스럽다. 오늘날의 매머드인 코끼리는 아직 인간의 능력이 미치는 범위 안에 살아 있다는 점을 잊지 말아야 할 것이다.

더 읽어 볼 책들

- 조홍섭, 『생명과 환경의 수수께끼』(고즈윈, 2005).

- 리처드 스톤, 김소정 옮김, 『매머드, 빙하기 거인의 부활』(지호, 2005).

논술 · 구술 시험은 논리적이고 종합적인 사고를 요구한다. 다음에 제시된 문제는 이 책의 주제와 연관이 있는 논술 · 구술 기출 문제이다. 이 책을 통하여 습득한 과학적 지식과 원리, 입체적이고 논리적인 접근 방식을 활용하여 스스로 문제에 답해 보자.

▶ 최근 멸종된 한국 늑대에 대한 연구 과정이 TV에 방영되면서 화제가 된 적이 있다. 지구상에서 멸종된 생물은 한국 늑대뿐만 아니라 이제 그 종을 다 헤아리기조차 힘들 정도다. 멸종 위기에 처한 생물들을 보호해야 하는 이유를 말해 보시오.

옮긴이 | 김희경

성심여대(현 가톨릭대학교) 불문학과를 졸업했으며, 프랑스 피카르디 대학에서 박사 과정을 수료했다. 현재 전문 번역가로 활동 중이다.

민음 바칼로레아 25

매머드를 부활시킬 수 있을까?

2판 1쇄 찍음 2021년 3월 18일
2판 1쇄 펴냄 2021년 3월 30일

1판 1쇄 펴냄 2006년 4월 10일
1판 3쇄 펴냄 2013년 9월 19일

지은이 | 파스칼 타시
감수자 | 이항
옮긴이 | 김희경
발행인 | 박근섭
펴낸곳 | ㈜민음인

출판등록 | 2009. 10. 8 (제2009-000273호)
주소 | 06027 서울 강남구 도산대로 1길 62 강남출판문화센터 5층
전화 | 영업부 515-2000 **편집부** 3446-8774 **팩시밀리** 515-2007
홈페이지 | minumin.minumsa.com

도서 파본 등의 이유로 반송이 필요할 경우에는 구매처에서 교환하시고
출판사 교환이 필요할 경우에는 아래 주소로 반송 사유를 적어 도서와 함께 보내주세요.
06027 서울 강남구 도산대로 1길 62 강남출판문화센터 6층 민음인 마케팅부

한국어판 ⓒ ㈜민음인, 2006. Printed in Seoul, Korea
ISBN 979 11-5888-787-2 04000
ISBN 979 11-5888-823-7 04000(set)

㈜민음인은 민음사 출판 그룹의 자회사입니다.